Ruth Dolenc / Christel Fisgus / Gertrud Kraft
Edeltraud Röbe / Heinrich Röbe

Das Auer
Rechtschreibheft

Arbeitsheft für die 1./2. Klasse

Ausgabe N

Sprachwissenschaftliche Beratung:
Prof. Dr. Rolf Bergmann

Auer Verlag GmbH

Gedruckt auf umweltbewusst gefertigtem, chlorfrei gebleichtem
und alterungsbeständigem Papier.

1. Auflage. 2003
Nach der Neuregelung der deutschen Rechtschreibung

Illustration: Beate Hoyer
Umschlaggestaltung und -illustration: Martina Gollnick
Gesamtherstellung: Ludwig Auer GmbH, Donauwörth
ISBN 3-403-0**3983**-8

Dieses Heft gehört:

Juchhe – ich kann das ganze Abc!

A a B b C c D d E e F f G g H h I i J j K k L l

A a	B b	C c	D d
Affe	Biber	Computer	Dino

E e	F f	G g	H h
Elefant	Fuchs	Geist	Hut

I i	J j	K k	L l
Igel	Jo-Jo	Kasper	Löwe

Mm Nn Oo Pp Qu qu Rr Ss Tt Uu Vv Ww Xx Yy Zz

M m	N n	O o	P p
Maus	Nase	Oma	Papagei

Qu qu	R r	S s	T t
Qualle	Ritter	Sonne	Tiger

U u	V v	W w	X x
Uhr	Vogel	Wal	Xylophon

Y y	Z z
Pyramide	Zelt

1. Schreibe die Buchstaben und Wörter immer dann in Schreibschrift, wenn du die Buchstaben kannst!

2. Schreibe einige Wörter in dein Heft!

Fit von A bis Z

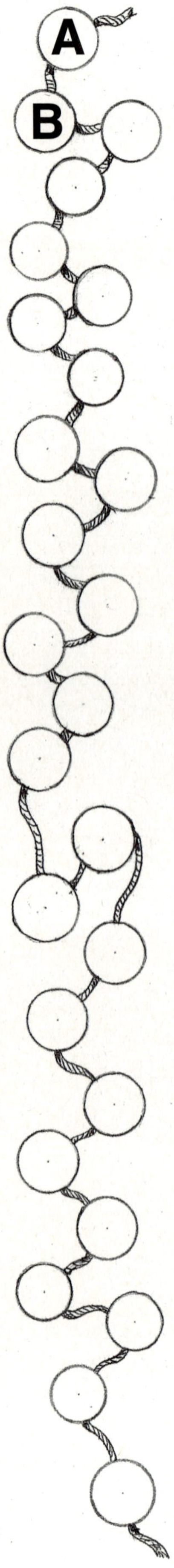

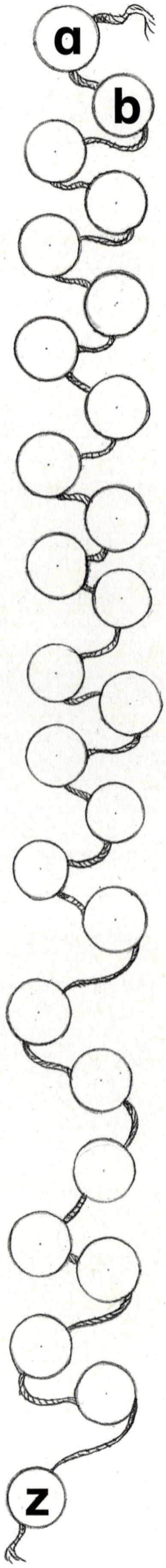

1. Schreibe in die Ketten das Alphabet mit großen und kleinen Buchstaben!
2. Ordne die Namen der Dinge (Sprachbuch 1/2 S. 102) nach ihren Anfangsbuchstaben!
3. Markiere die Anfangsbuchstaben!

Selbstlaute und Silben

Hier passen immer zwei Selbstlaute:

N [u] [a] del — Nudel, Nadel

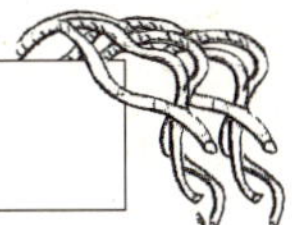

W [ ] [ ] nd

Sch [ ] [ ] le

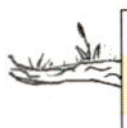

B [ ] [ ] ch

H [ ] [ ] se

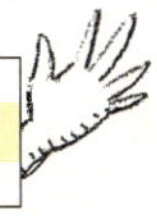

H [ ] [ ] nd

M [ ] [ ] nd

K [ ] [ ] gel

1. Setze die Selbstlaute ein! Schreibe die Wörter!

Aus Silben neue Wörter bilden:

Na		Ne		No	
Ro	se	Ni	bel	Rau	pe
Wo		Ga		Lu	

2. Bilde aus den Silben sinnvolle neue Wörter! In jeder Gruppe steckt ein falsches Wort. Sprich die Wörter in Silben und schreibe sie auf!

Nomen

Artikel
der, die, das
ein, eine △

Nomen sind Namen für Lebewesen
und Dinge.
Nomen schreibt man groß.

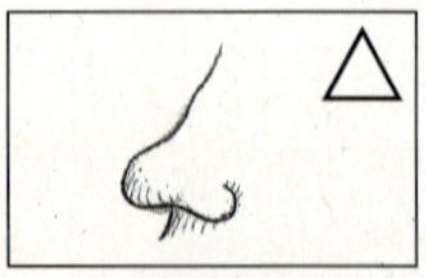
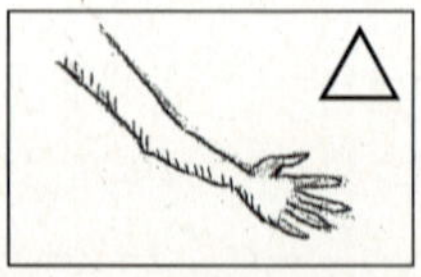
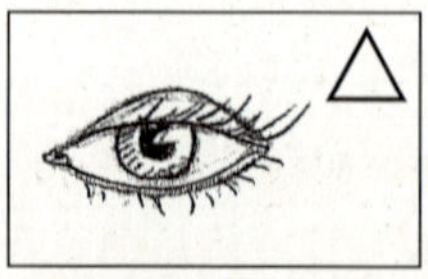
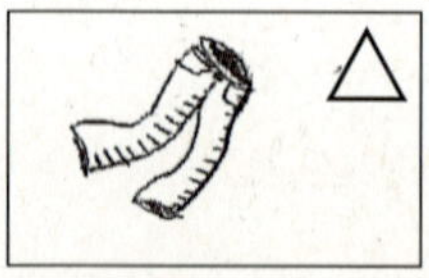

Nase

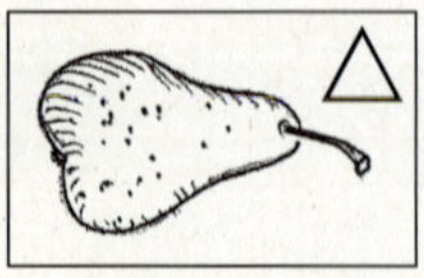

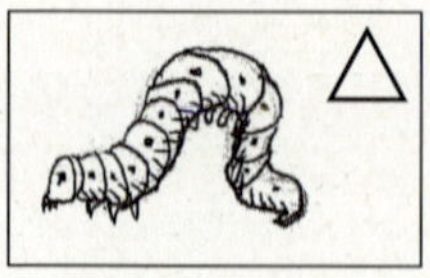

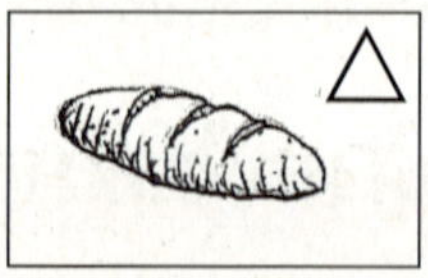

1. Schreibe die Nomen unter die Bilder!
2. Überlege bei jedem Wort, wofür es ein Name ist!
   Sprich so:
   Buch ist ein Name für ein Ding, in dem ich lesen kann.
3. Schreibe jedes Nomen mit seinem Artikel so in dein Heft: *die Nase*, …
4. Schreibe auch die Nomen von Lebewesen und Dingen, die du gern hast!

Arm, Ast, Auge, Birne, Blume, Brot, Fenster, Hase, Hose, Igel, Nase, Raupe

Zauberstriche aus der Wörtermühle für (a), (o), (u)

A/a — Ä/ä

eine Hand — viele
ein Ball
ein Ast

O/o — Ö/ö

ein Kopf — viele
ein Wort
ein Vogel

U/u — Ü/ü

ein Buch — viele
eine Kuh
ein Fuß

1. Schreibe die Wörter mit den Zauberstrichen auf!

Aus den Selbstlauten (a), (o), (u) werden die Umlaute (ä), (ö), (ü).

2. Markiere bei den Wörtern aus der Wörtermühle die Selbstlaute und ihre Umlaute!

Apfel, Bank, Buch, Busch, Frucht, Garten, Gras, Mann, Mutter, Nacht, Rock, Sohn, Tochter, Vater, Wort, Zahn

3. Schreibe so in dein Heft: *ein Apfel – viele Äpfel!*

Wörter richtig abschreiben

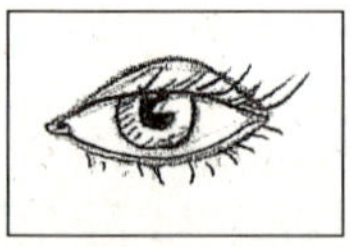
1. Lies das Wort genau! Worauf achtest du?

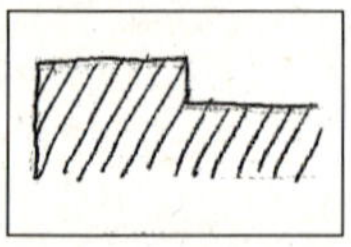
2. Decke das Wort zu!

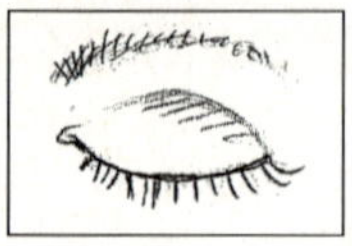
3. Stelle dir das Wort vor!

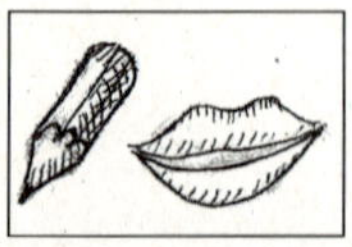
4. Schreibe das Wort auf! Sprich dazu!

5. Kontrolliere, ob jeder Buchstabe stimmt!

die Blüte

hören

der Hase

turnen

der Regen

rufen

Übe die Wörter mit dem Tipp von Flipp!

Blüte, hören, Regen, rufen, turnen

ⓐ, ⓔ, ⓘ, ⓞ, ⓤ – hör gut zu!

Klingt **A/a** immer gleich?

das Blatt	
die Ampel	
das Gras	
die Ameise	

Klingt **E/e** immer gleich?

die Ente	
der Esel	
die Rose	
das Fenster	

Klingt **I/i** immer gleich?

der Igel	
das Licht	
das Taxi	
die Birne	

Klingt **O/o** immer gleich?

das Obst	
die Hose	
der Kopf	
das Domino	

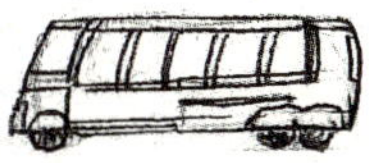

Klingt **U/u** immer gleich?

der Uhu	
die Puppe	
die Schule	
der Busch	

Sprich die Wörter übertrieben deutlich und schreibe sie mit dem Tipp von Flipp (Sprachbuch 1/2 S. 104) auf!

Start frei für dein Abc-Heft!

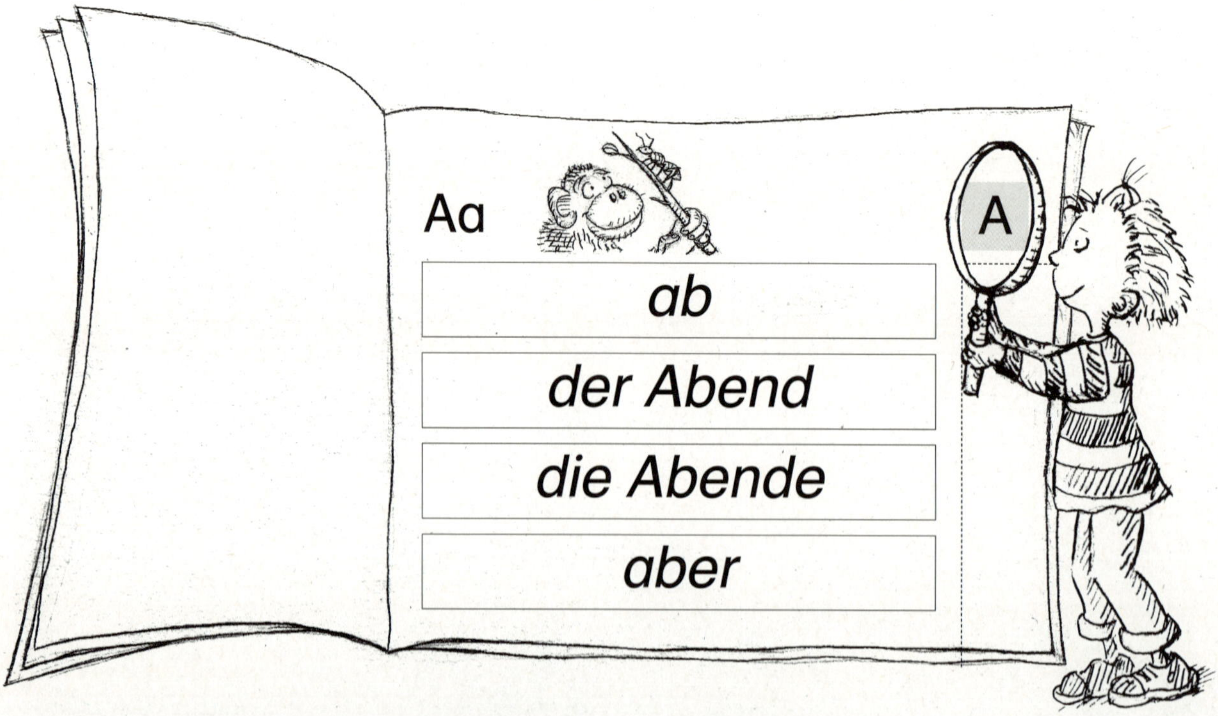

Das ist ein Ausschnitt der ersten Seite aus dem Abc-Heft.
Hier findest du wichtige Übungswörter.
Dieselben Übungswörter stehen im Arbeitsheft in den Wörterkästen.

So übst du:

- Lies die Wörter im Wörterkasten!
- Suche sie im Abc-Heft!
- Schreibe sie daneben! Schreibe in Druckschrift oder Schreibschrift!

Wörter suchen im Abc-Heft

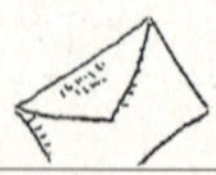

So übst du das Suchen:

- Sprich das Wort, das du suchst!
- Höre auf den ersten Buchstaben!
- Suche diesen Buchstaben im Abc-Heft!
- Hier findest du dein Wort.
- Schreibe das Wort aus dem Abc-Heft hier zum Bild!

Jetzt kannst du die Wörter von Seite 8, 9 und 10 in das Abc-Heft eintragen: 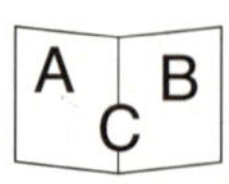

.

Verben

1. Frage bei jedem Bild: **Was tut jemand?** Schreibe die Verben daneben!
2. Schreibe die Verben auch in dein Heft!

schla / lau – fen

re / mel – den

bau / schau – en

3. Bilde aus den Silben sinnvolle Wörter! Schreibe sie in dein Heft!

bauen, geben, helfen, hören, laufen, rechnen, reden, schlafen, singen, suchen, tragen, trinken

4. A C B

Wortbaustelle – Wortbausteine

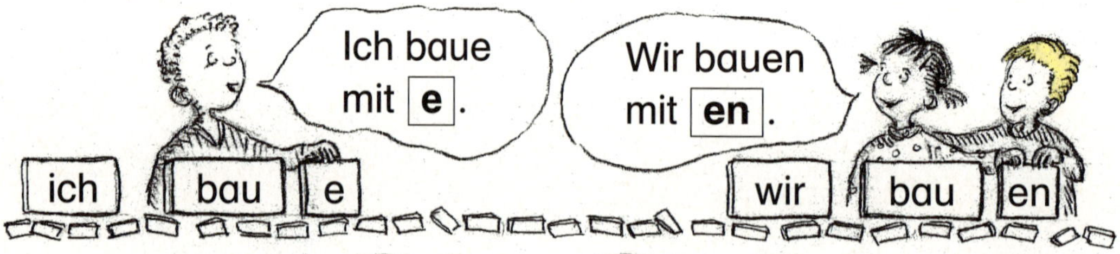

ich helf e

wir helf en

1. Schreibe die Verben aus dem Wörterkasten in der Ich- und Wir-Form auf!
   Denke an die richtigen Endbausteine!

helfen, lieben, sagen, schreiben, üben, waschen, wünschen, zeigen

2. 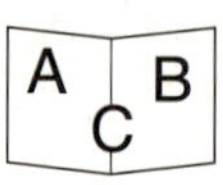

Zauberei – mach eins aus zwei!

1. Lies die Reime! Klatsche die Sprechsilben dazu!
2. Male die zwei Selbstlaute an, die zusammengehören!

Noch mehr Doppellaut-Zauber:

Ei/ei	Au/au	Eu/eu

3. Forsche nach weiteren -/ -/ -Wörtern in der Wörterliste!

äu kommt von au

 zwei M se →  Maus →  Mäuse

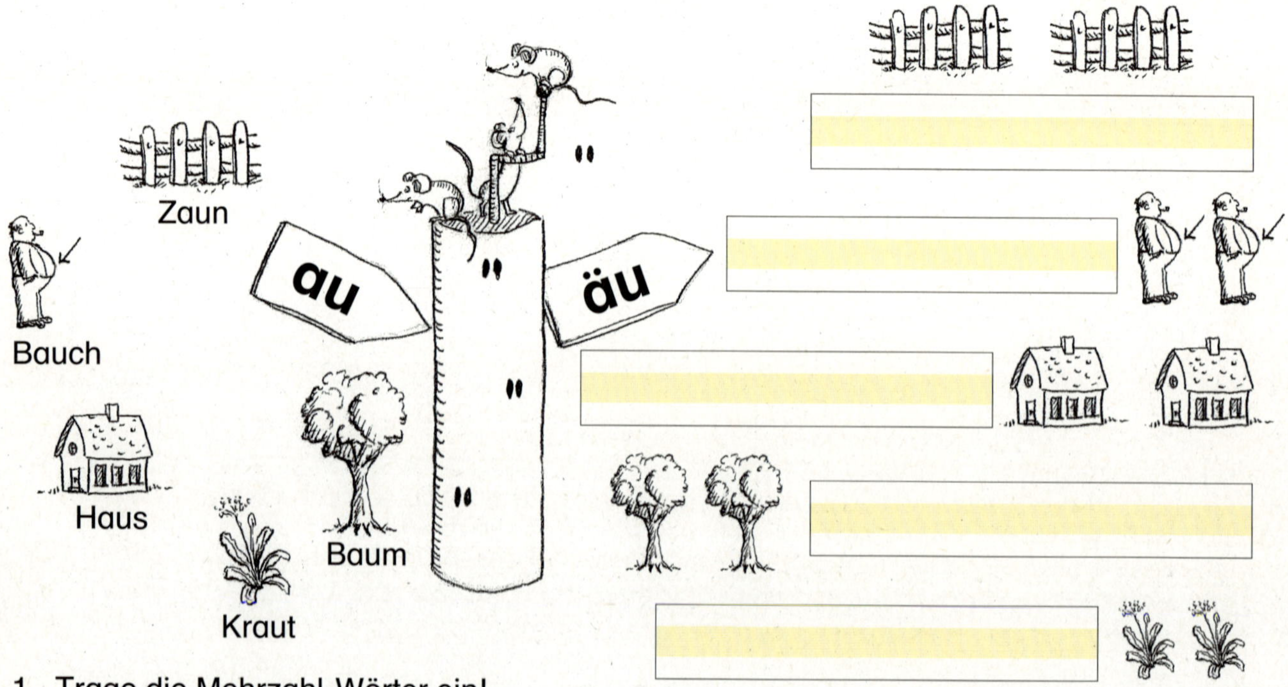

1. Trage die Mehrzahl-Wörter ein!

2. Schreibe so: *ein Haus – viele Häuser* !

Markiere **au/äu** farbig!

Bauch, Baum, Haus, Haut, Kraut, Maus

3. 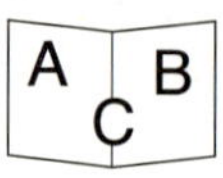

Drachenwörter – Schlangenwörter

1. Schreibe die Drachen- und Schlangenwörter auf!
   Markiere **ch** und **sch** farbig!

2. Schreibe die Reimwörter auf!

Gesicht, Licht, Schere, Schmetterling, Schnee, Schuh, Schule, Schwester, Tasche, Woche

3. 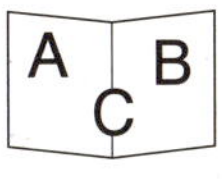

Mehrere Buchstaben für einen Laut

Sch/sch: **ein** Laut – **drei** Buchstaben

	**Laute** 	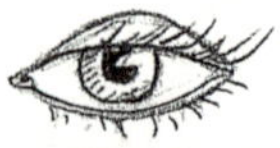	**Buchstaben** 
	Sch a l 3	Schal	5
		Schi	

1. Zähle in den Wörtern die Laute und die Buchstaben!

	Schaf		
		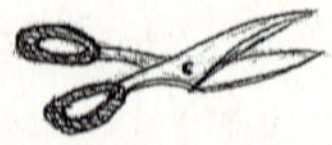	

2. Schreibe die Wörter zu den Bildern und markiere **sch**!

Ch/ch: **ein** Laut – **zwei** Buchstaben

	**Laute** 		**Buchstaben** 
	D a ch 3	Dach	
		Milch	

3. Zähle in den Wörtern die Laute und die Buchstaben!

		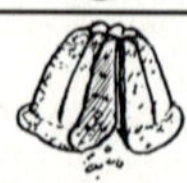	

4. Schreibe die Wörter zu den Bildern und markiere **ch**!

acht, dich, doch, durch, frisch, ich, nicht, nichts, scheinen, schon, schön, sich, schwarz

5. 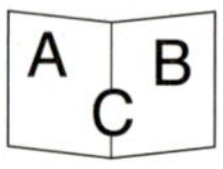

Wortbaustelle – Wortbausteine

	ruf	en
ich	ruf	
du	ruf	
er sie es	ruf	
wir	ruf	
ihr	ruf	
sie	ruf	

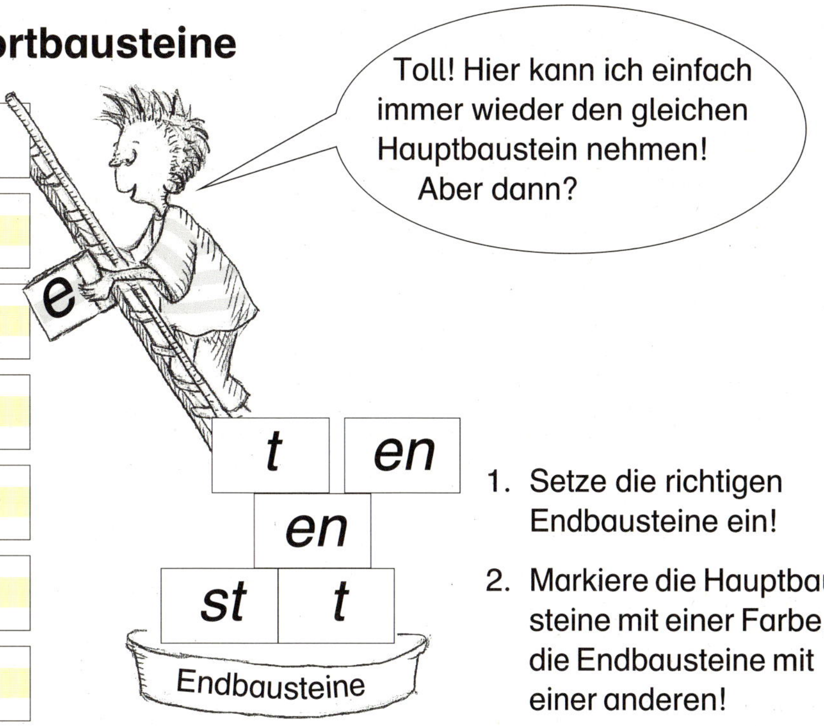

1. Setze die richtigen Endbausteine ein!
2. Markiere die Hauptbausteine mit einer Farbe, die Endbausteine mit einer anderen!

Wörter sind aus Bausteinen gebildet.

	mal	en
ich	mal	e
du		
er sie es		
wir		
ihr		
sie		

	schau	en

3. Beschrifte die Wortbausteine! Markiere Hauptbaustein und Endbaustein farbig!
4. Schreibe die Formen von **rufen**, **malen** und **schauen** in dein Heft!
   Schreibe so: *rufen: ich rufe, du …*
5. Übe genauso mit **fragen** und **denken**!

denken, fragen, malen, rufen, schauen

6. 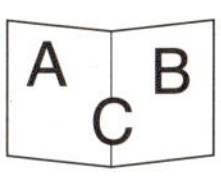

Bauen mit Köpfchen

schlaf	en

Pronomen	Hauptbaustein	Endung
ich	schlaf	e
du		st
er sie es		t
wir		en
ihr		
sie		

Manchmal muss der Hauptbaustein ein bisschen verändert werden.

1. Schreibe die Formen von **schlafen** in die Zeilen! Was ändert sich?

helf	en

Pronomen	Hauptbaustein	Endung
ich	helf	e
du		st
er sie es		t
wir		e
ihr		
sie		

2. Schreibe die Formen von **helfen** in die Zeilen! Was ändert sich diesmal?

3. Noch mehr Köpfchen-Wörter: brechen, schlagen, werfen, laufen.
Schreibe mindestens die Ich- und Du-Form von diesen Verben!

helfen, schlafen, schlagen

4.

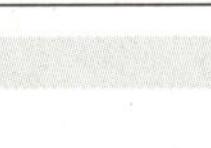

Wörter mit langem und kurzem (i)

Himmel Bild Pizza Fliege sieben Pilz

Ziege

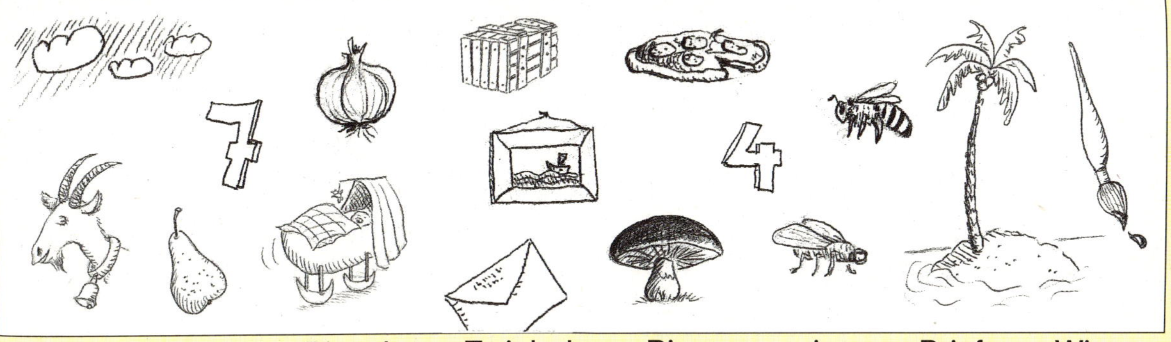

Kiste

Birne Insel Pinsel Zwiebel Biene vier Brief Wiege

1. Wo sprichst du das (i) lang? Kennzeichne dieses Bild mit —!

2. Schreibe alle Wörter, in denen das (i) lang klingt, auf!
   Markiere das (ie) mit —: *der Brief*, …!

s-	n-	d-	w-	→ ie

3. Setze diese Miniwörter richtig zusammen!

Biene, Brief, die, nie, sie, sieben, vier, wie, Wiese, Zwiebel

4. A C B

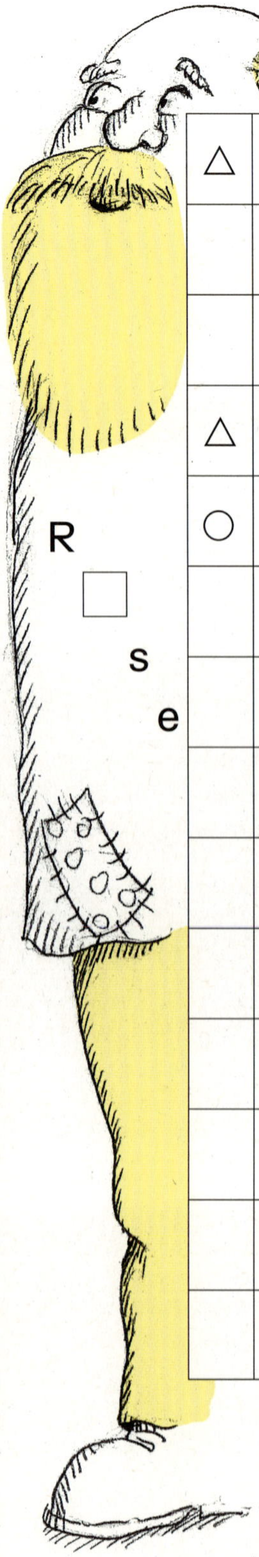

		ie	
△	T		r
	h		r
	v		r
△	Sp		l
○	sp		len
	Br		f
	t		f
	Pap		r
	fl		gen
	l		ben
	l		gen
	s		ben
	v		l
	W		se

1. Sprich jedes Wort deutlich! Schreibe es auf!
Markiere alle (ie) in deinen Wörtern farbig!

Ein lang gesprochenes (i) wird meist **ie** geschrieben!

2. Aufgabe für Wortarten-Detektive:
   - Male △ vor alle Nomen!
   - Male ○ vor alle Verben!

fliegen, hier, lieben, liegen, Papier, spielen, Tier, viel

3. 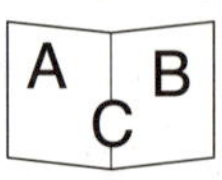

Sätze richtig abschreiben

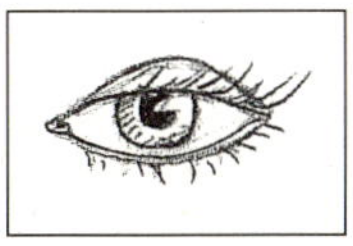

1. Lies den ganzen Satz genau!

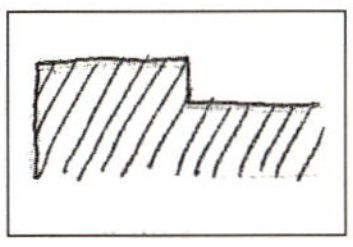

2. Decke so viele Wörter zu, wie du dir merken kannst!

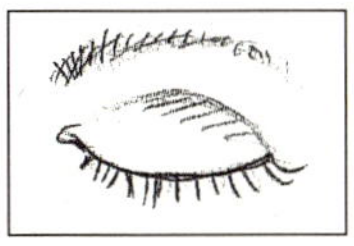

3. Stelle dir die Wörter vor!

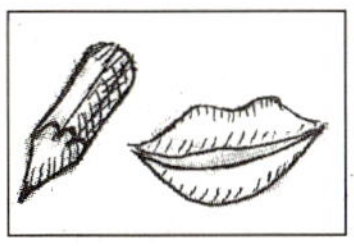

4. Schreibe die Wörter auf und sprich dazu!

5. Kontrolliere, ob jedes Wort und jeder Buchstabe stimmt!

Peter liegt auf dem Sofa.

Er liest einen Brief.

Da fliegt etwas um seinen Kopf.

Es ist eine Fliege.

Will sie mit Peter spielen?

1. Übe die Sätze mit dem Tipp von Flipp! Denke daran:
   - Jeder Satz fängt mit einem großen Buchstaben an.
   - Am Ende eines Aussagesatzes steht ein Punkt.

da, ein, eine, er, es, ist, Kopf, lesen, mit, sein, um, wollen

2. 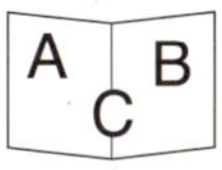

Lange Wörter, kurze Zeilen – Flipp muss hier die Wörter teilen

Flipp spricht das Wort in Silben. Klatschen hilft ihm dabei.
Nun kann er das Wort getrennt schreiben.

Käfer  Igel  Hose  Garten 

Raupe  Tasche  Telefon  Kalender 

Rau-			
pe			

Lexikon 

Sommer  Himmel 

Sonne  Nase  Puppe  Auto 

1. Trenne die Wörter!

Auto, Himmel, Käfer, Kalender, Lexikon, Pommes, Puppe, Sommer, Sonne, Telefon

2. 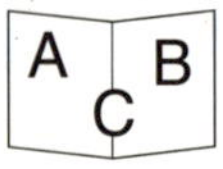

Fehler unter der Lupe

m

Tobias Malt im Heft.

1. Suche zwei Beweise für das Verb *malt*!

S. 112

T

Ute malt an der tafel.

2. Suche zwei Beweise für das Nomen *Tafel*!

S. 112

D

die Kinder turnen.

3. Denke an die Regel!

S. 112

n

Lisa rechet im Heft.

4. Sprich deutlich und schreibe!

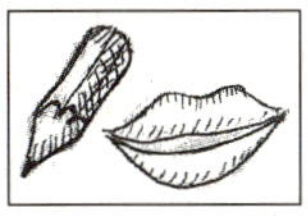

S. 112

Quadrat, quaken

Wörterliste zu Qu/qu

1. Markiere Qu/qu farbig!	2. Schreibe ab und kontrolliere!	3. Lass dir diktieren! Kontrolliere!	4. Verbessere! ☆ ○
das Quadrat			
quaken			
der Qualm			
qualmen			
der Quark			
quatschen			
die Quelle			

Bearbeite jeden Tag eine Spalte!

Quelle

Merkwörter mit (V/v)

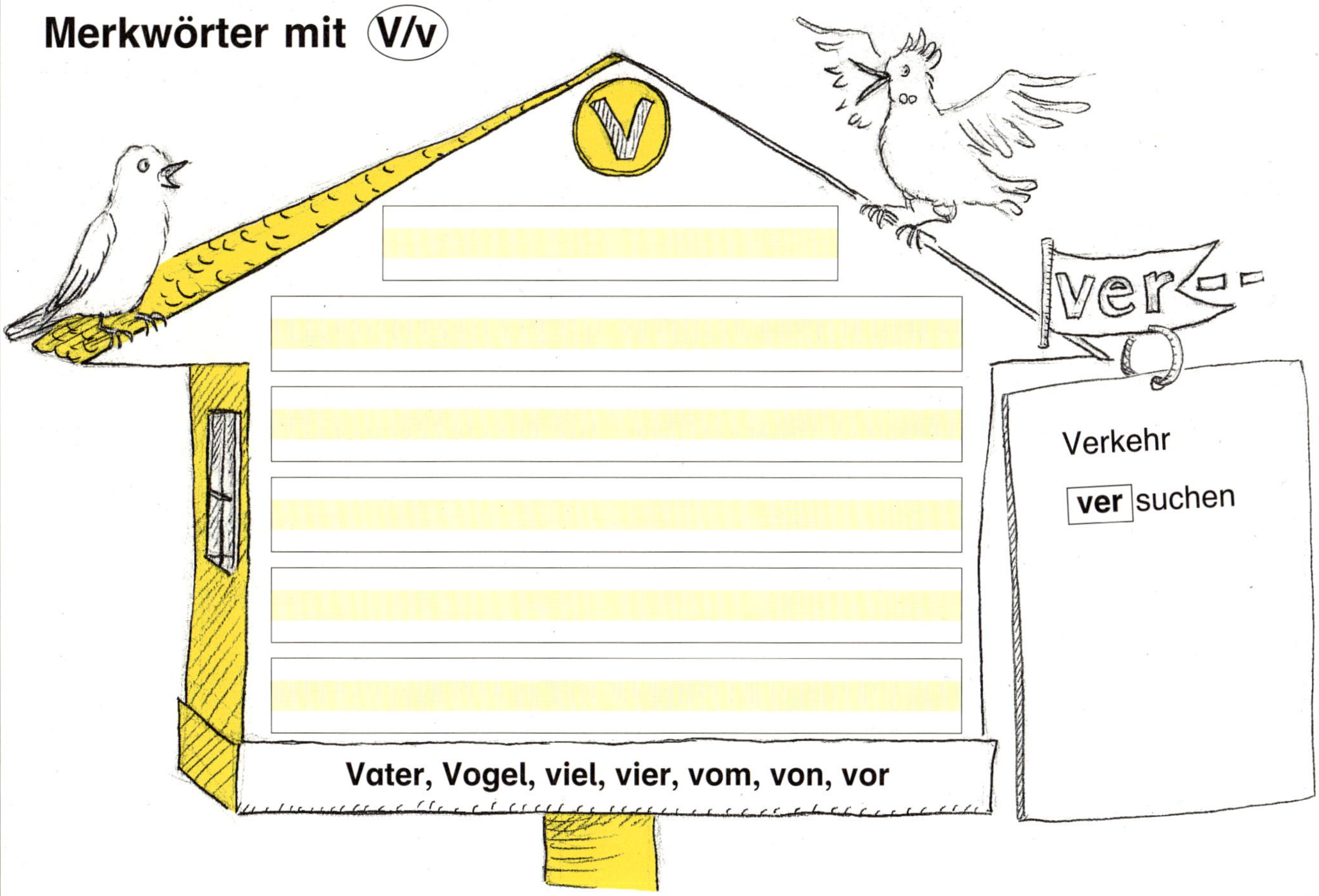

Lava, Valentin, Vase, Vera, Video, Vulkan

1. Ordne die Wörter in das Vogelhaus und in den Vulkan ein!

Vater, Verkehr, versuchen, viel, vier, Vogel, vom, von, vor

2. A C B

Wörterliste zu Sp/sp und St/st

1. Markiere Sp/sp und St/st farbig!	2. Schreibe ab und kontrolliere!	3. Lass dir diktieren! Kontrolliere!	4. Verbessere! ☆ ○
die Spagetti			
sparen			
spielen			
der Sport			
der Stängel			
die Stange			
stehen			
der Stift			

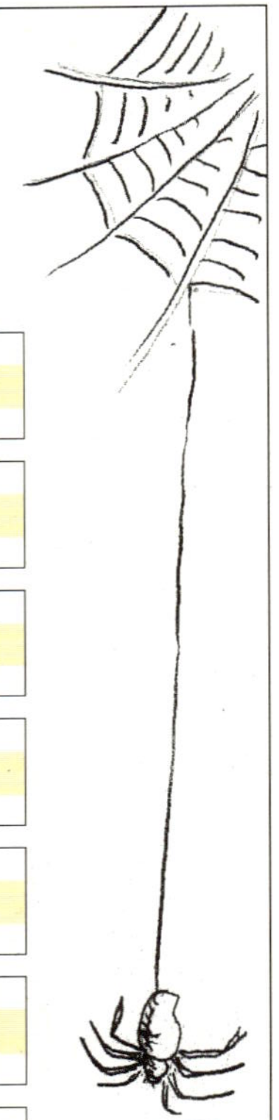

Spagetti, sparen, spielen, Sport, Stängel, Stange, stehen, stellen, Stift, still, Stirn, Strauch, Stunde

Wortbaustelle für Nomen

Apf

Gart

Leit

Es

Gab

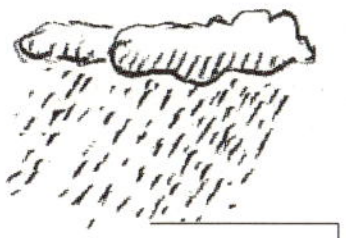
Reg

Fenst

Wint

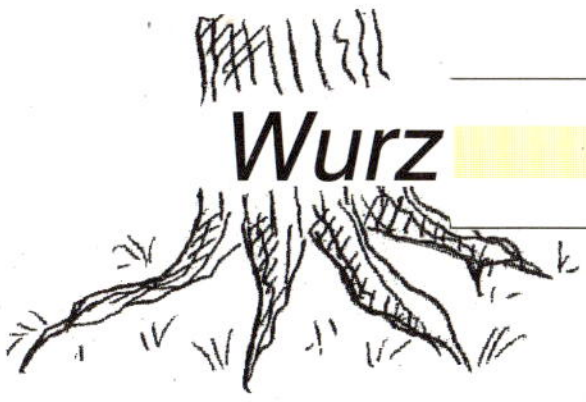
Wurz

Comput

Fad

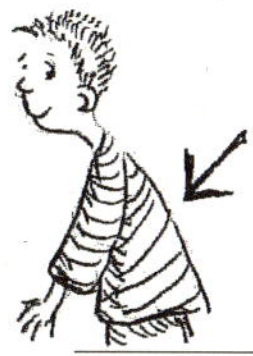
Rück

1. Schreibe die richtigen Endbausteine zu den Wörtern!

-el	-en	-er

2. Trage die Wörter in die Tabelle ein! Markiere die Endbausteine!

Ampel, Boden, Bruder, Computer, Flügel, Füller, Körper, Nebel, Onkel, Rücken, Wasser, Wetter, Winter, Wurzel, Zimmer, Zucker, Zwiebel

3. 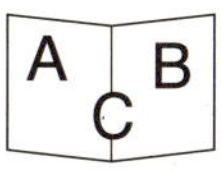

Das PeKaTe

Das PeKaTe, das PeKaTe,
das ist ein tückisch Tier:
Es pickt und kratzt,
es hackt und tatzt,
es schnappt nach dir und mir.

1. Male dein PeKaTe! Markiere im Vers seine Lieblingsbuchstaben!

2. Hier hast du Platz für PeKaTe-Wörter.
   Schneide aus und klebe, male oder schreibe auf!

Das BeGeDe

Das BeGeDe,
so weich und gut,
bewegt sich langsam fort,
schläft gern,
ist brav und ausgeruht
und gähnt bei manchem Wort.

1. Male dein BeGeDe! Markiere im Vers seine Lieblingsbuchstaben!

2. Hier hast du Platz für BeGeDe-Wörter.
   Schneide aus und klebe, male oder schreibe auf!

Deutlich sprechen reicht nicht immer!

legt kommt von ______.

gibt kommt von ______.

gräbt kommt von ______.

fliegt kommt von ______.

lebt kommt von ______.

1. Schreibe die Grundform der Verben auf!

sagen	*er sagt*
w	
n	

schreiben	*sie schreibt*
bl	
tr	

legen	*er legt*
pfl	

fliegen	*sie fliegt*
s	
l	

2. Suche die Reimwörter!
   Schreibe so: *sagen: er sagt*
   wagen: er wagt

bleiben, leben, legen, pflegen

3. A B C

Betonte Selbstlaute im Wort

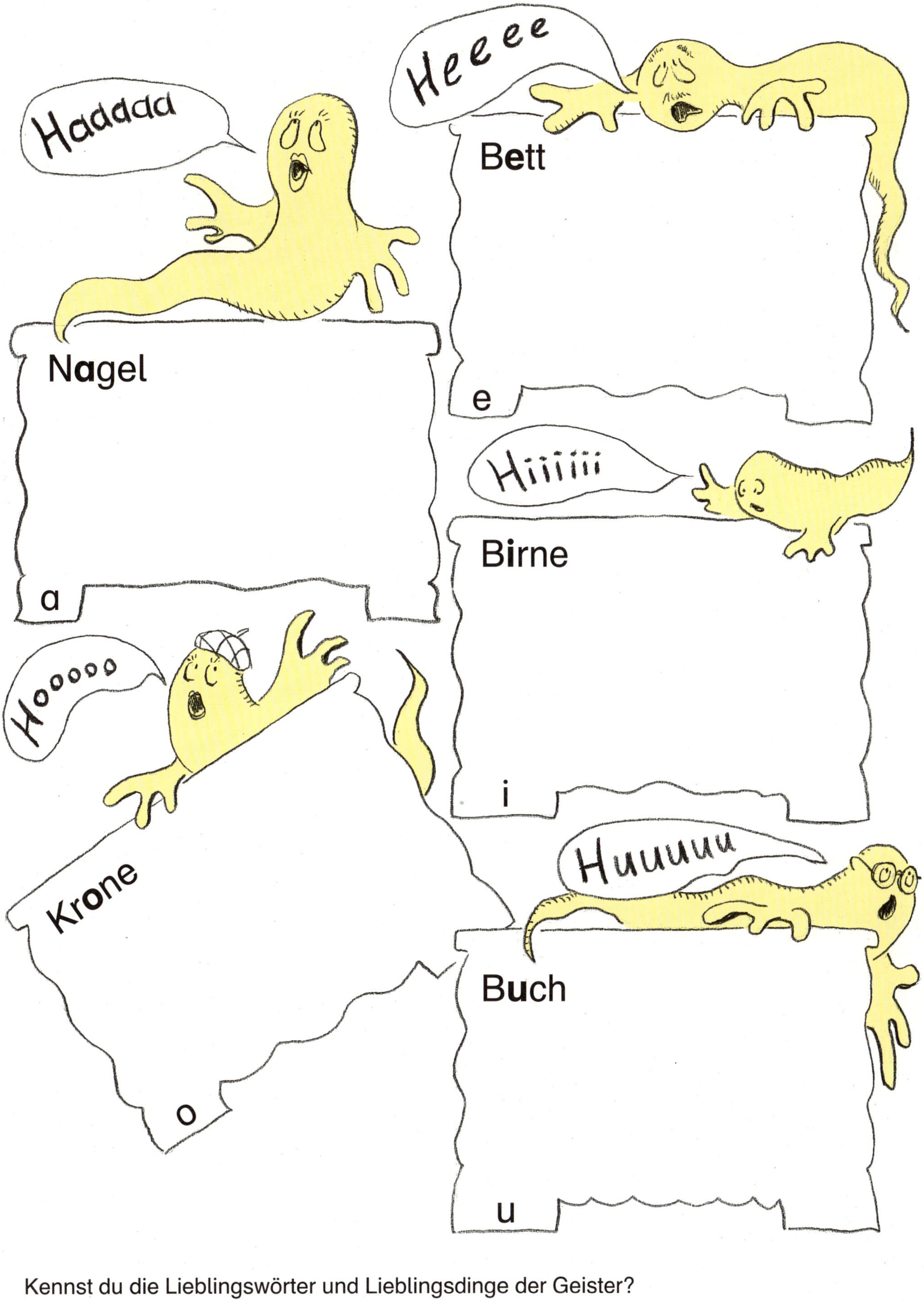

Kennst du die Lieblingswörter und Lieblingsdinge der Geister?
Male, klebe oder schreibe in die Truhen!

ng klingt wie ein Laut

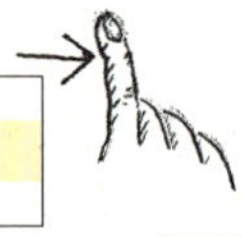

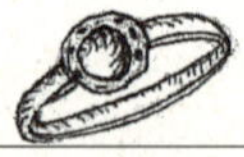

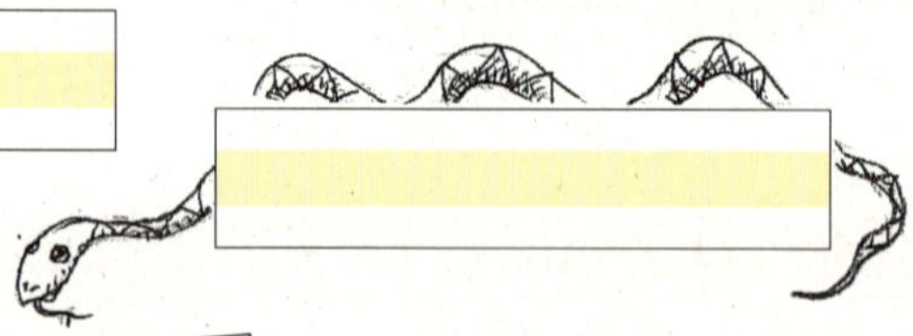

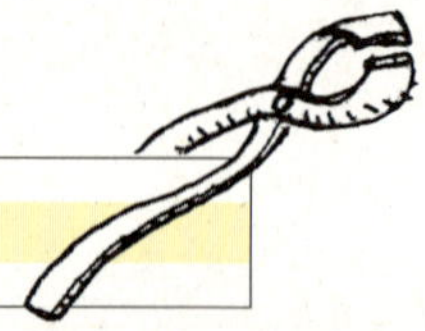

Finger | Engel | Schlange | Zange | Ring | Stängel

1. Schreibe die Namen zu den Bildern! Markiere **ng** farbig!

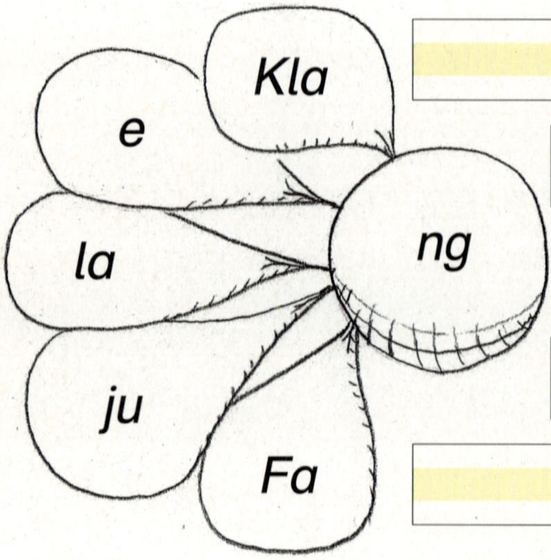

Ich höre **einen Laut**, aber schreibe **zwei Buchstaben**.

2. Schreibe die Wörter auf! Markiere **ng**!

Wir ______ im Chor. Peter ______ allein.

Die Glocken ______. Ihr Ton ______ hell.

Die Wolken ______ Regen. Die Sonne ______ Wärme.

Wir ______ auf der Schaukel. Wer ______ mit?

singen | klingen | bringen | schwingen

3. Setze die Verben in der richtigen Form ein! Markiere **ng**!

bringen, eng, Frühling, Junge

4. 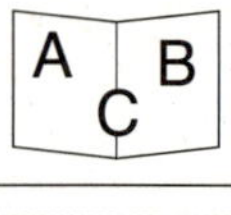

Wörter verlängern

das Kin  → die Kin<u>d</u>er → Kin<u>d</u>

das Bil  → die

das Fel  →

das Gel  →

die Han  →

das Hem  →

der Hun  →

das Klei  →

der Mun  →

der Win  →

das Ra  →

1. Verlängere jedes Wort! Setze dazu die Nomen in die Mehrzahl! Schreibe das Wort in der Einzahl daneben!

Bild, Feld, Geld, Hand, Hemd, Hund, Kind, Kleid, Mund, Wind

2. 

(h) kann man nicht immer hören

Fahne

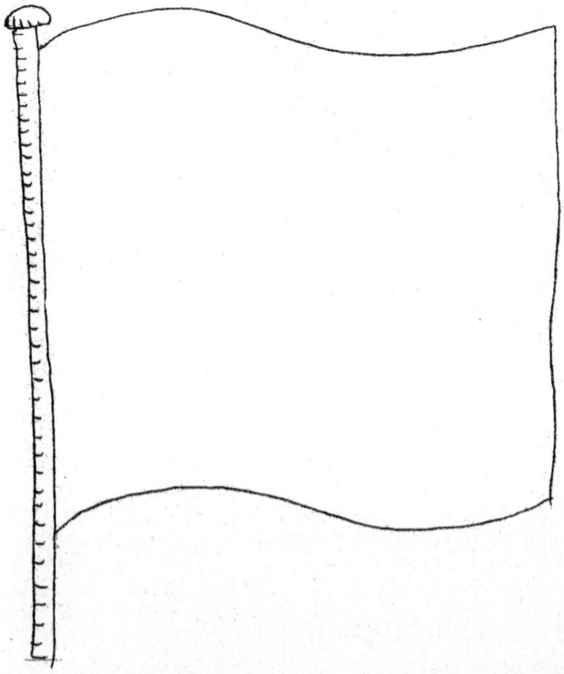

Lehrer

Floh

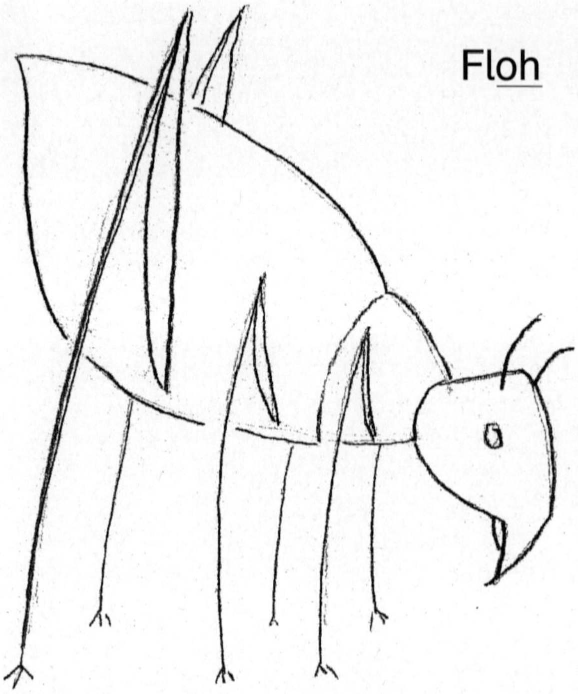

Kuh

1. Suche Wörter mit (ah), (eh), (oh), (uh)! Trage sie in oder neben das passende Bild ein!
2. Übe diese Wörter mit der Wörterliste!

fahren, Frühling, gehen, Jahr, Kuh, nehmen, Ohr, Schuh, sehen, Sohn, stehen, Uhr, Verkehr, wohnen, Zahl, zählen, Zahn, zehn

3. 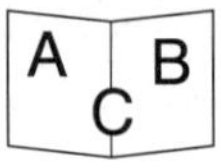

Wörterliste zu ah, eh, oh, uh

1. Markiere ah, eh, oh, uh farbig!	2. Schreibe ab und kontrolliere!	3. Lass dir diktieren! Kontrolliere!	4. Verbessere! ☆ ○
die Fahne			
fahren			
gehen			
der Lehrer			
der Floh			
wohnen			
die Kuh			
die Uhr			

Ein lustiges Abc-Spiel

Vorname	Tier	Pflanze	Ding
Katharina	Katze	Kastanie	Klavier

Wörterliste

A

ab
der Abend, die Abende
aber
acht
alle, alles
allein
als
also
alt, älter
am
die Ampel
an
die Angst
antworten
der Apfel, die Äpfel
der April
arbeiten
ärgern
der Arm
der Ast, die Äste
auch
auf
die Aufgabe
das Auge
der August
aus
das Auto

B

das Baby
baden
der Ball, die Bälle
die Bank, die Bänke
der Bauch, die Bäuche
bauen
der Baum, die Bäume
bei
das Bein
das Bett
bewegen, er bewegt
bezahlen
die Biene
das Bild, die Bilder
ich bin
die Birne
bis
du bist
bitten
das Blatt, die Blätter
blau
bleiben, sie bleibt
blühen, es blüht
die Blume
die Blüte
der Boden
böse
braun
der Brief
bringen, er bringt
das Brot, das Brötchen
der Bruder, die Brüder
das Buch, die Bücher
bunt
der Busch, die Büsche

C

der Cent
der Computer

D

da
danken
dann
das
dass
dein, deine, deiner
dem
den
denken
denn
der
des
der Dezember
dich
die
der Dienstag
dies, diese, dieser
dir
doch
der Donnerstag
drei
du
dunkel
durch

E

das Ei, die Eier
ein, eine, einer
eins
elf
die Eltern
das Ende
eng
die Ente
er
die Erde
erzählen, er erzählt
es
essen, sie isst
euch
euer, eure
die Eule
der Euro

F

fahren, er fährt
das Fahrrad, die Fahrräder
fallen, sie fällt
die Familie
fangen, er fängt
der Februar
fein
das Feld, die Felder
das Fenster
finden
der Finger
fliegen, sie fliegt
der Flügel
das Flugzeug
flüssig
fragen, er fragt
die Frau
der Freitag
fremd, der Fremde
freuen, die Freude
der Freund, die Freunde
die Freundin, die Freundinnen
frisch
fröhlich
die Frucht, die Früchte
der Frühling
füllen, der Füller
fünf
für
der Fuß, die Füße
der Fußball

G

ganz, ganze, ganzer
der Garten, die Gärten
geben, sie gibt
der Geburtstag
gehen, er geht
gelb, gelbe
das Geld, die Gelder
das Gemüse
das Gesicht
gestern
gesund, gesunde
das Gras, die Gräser
groß, größer
grün
gut

H

das Haar, die Haare
haben, sie hat
der Hals, die Hälse
halten, es hält
die Hand, die Hände
hart, härter
der Hase
das Haus, die Häuser
die Haut, die Häute
die Hecke
heiß
heißen
helfen, er hilft, die Hilfe
hell
das Hemd, die Hemden
her
der Herbst
der Herr
heute
die Hexe
hier
der Himmel
hin
hinter
hören
die Hose
der Hund, die Hunde
hundert

I

ich
die Idee
der Igel
ihm
ihn, ihnen
ihr, ihre
im
immer
in
ins
er, sie, es ist

J

ja
das Jahr
der Januar
jede, jeder, jedes
der Juli
der Junge
der Juni

K

der Käfer
der Kalender
kalt, die Kälte
die Katze
kaufen
kein, keine, keiner
das Kind, die Kinder
die Klasse
das Kleid, die Kleider
klein
kommen
können, er kann
der Kopf, die Köpfe
der Körper
krank
das Kraut, die Kräuter
die Kuh, die Kühe
kurz, kürzer

L

lassen, er lässt

laufen, sie läuft
laut
leben, er lebt
legen, sie legt
leicht
leise
lernen
lesen, er liest
die Leute
das Lexikon
das Licht
lieb, lieben
liegen, sie liegt
lustig

M

machen
das Mädchen
der Mai
malen
man
der Mann, die Männer
der März
die Maus, die Mäuse
mein, meine, meiner
mich
die Minute
mir
mit
der Mittwoch
mögen, sie mag
der Monat
der Montag
morgen
der Mund, die Münder
müssen, er muss
die Mutter, die Mütter

N

nach
die Nacht, die Nächte
der Name
die Nase
der Nebel
nehmen, sie nimmt
nein
neu
neun
nicht, nichts
nie
der November
nun
nur

O

ob
das Obst
oder
oft
das Ohr
der Oktober
der Onkel
das Ostern

P

das Papier
das Pferd, die Pferde
pflanzen, die Pflanze
pflegen, er pflegt
die Pizza
der Platz, die Plätze
die Pommes
die Post
die Puppe

Q

das Quadrat
quaken
die Qualle
der Quark

R

die Raupe
rechnen
reden
der Regen
reich
reisen
rennen, sie rennt
der Rock, die Röcke
rollen, der Roller
rot
der Rücken
rufen

S

der Saft, die Säfte
sagen, er sagt
das Salz
der Samstag
der Sand, sandig
der Satz, die Sätze
schauen
scheinen
die Schere
schlafen, sie schläft
schlagen, er schlägt
der Schmetterling
der Schnee
schneiden
schnell
schon
schön
schreiben, sie schreibt
schreien
der Schuh, die Schuhe
die Schule
schwarz
die Schwester
sechs
sehen, er sieht
sehr

ihr	seid
die	Seife
	sein, seine, seiner
	seit
die	Sekunde
der	September
	sich
	sie
	sieben
wir, sie	sind
	singen, sie singt
	sitzen, er sitzt
	so
der	Sohn, die Söhne
	sollen
der	Sommer
die	Sonne
der	Sonntag
die	Spagetti
	sparen
	spielen
der	Sport
	sprechen, er spricht
der	Stängel, die Stange
	stehen, sie steht
	stellen
der	Stift
	still
die	Stirn
die	Straße
der	Strauch, die Sträucher
die	Stunde
	suchen

T

der	Tag, die Tage
die	Tante
die	Tasche
der	Teddy
der	Tee
das	Telefon
die	Temperatur
das	Thermometer
das	Tier
der	Tisch
die	Tochter, die Töchter
	tragen, er trägt
	trinken
	turnen

U

	üben, sie übt
	über
die	Uhr
	um
	und
	uns, unsere, unser
	unten,
	unter

V

der	Vater, die Väter
der	Verkehr
	verstehen, er versteht
	versuchen
	viel
	vier
der	Vogel, die Vögel
	vom
	von
	vor

W

	wann
	warm, die Wärme
	warten
	warum
	was
	waschen, er wäscht
das	Wasser
der	Weg, die Wege
das	Weihnachten
	weil
	weiß
	weit
	welche, welcher
	wem, wen
	wenig
	wenn
	wer
	werden, sie wird
das	Wetter
	wie
	wieder
die	Wiese
der	Wind, die Winde
der	Winter
	wir
	wo
die	Woche
	wohnen
	wollen, er will
das	Wort, die Wörter
	wünschen
die	Wurzel
	wütend

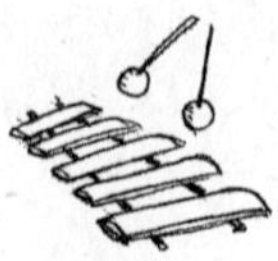

X

das	Xylophon

Z

die	Zahl, zählen
der	Zahn, die Zähne
	zehn
	zeigen, sie zeigt
die	Zeit
das	Zimmer
	zu
	zu Hause
der	Zucker
	zum, zur
	zusammen
	zwei
die	Zwiebel
	zwölf

Inhalt

* Lerninhalte aus dem 1. Schuljahr bieten sich im 2. Schuljahr zur Wiederholung, Festigung und individuellen Leistungssteigerung an.

Artikel △

der ein
die eine
das

Nomen △

> Nomen sind Namen für Lebewesen und Dinge.

Beweise für Nomen:

– Zu jedem Nomen passt ein Artikel: *der* Hase; *ein* Hase
– Nomen können in Einzahl und Mehrzahl stehen: *ein Hase, viele Hasen*
– *Hase* ist ein Name für …
(ein Tier mit langen Ohren)

Verben ○

> Verben sagen, was Lebewesen und Dinge tun.

Beweise für Verben:

– Verben passen hinter *ich* und *wir*:
malen: ich male – wir malen
– Verben antworten auf die Frage:
Was tut jemand? → malen